Les excuses de Mme Gurney

pour justifier l'amitié de Mme ——

Mary Jary Gurney

Writat

Cette édition parue en 2024

ISBN : **9789359948201**

Publié par
Writat
email : info@writat.com

Contenu

PRÉFACE.

En présentant au monde le document extraordinaire qui suit, l'éditeur juge opportun, en guise de préface, d'évoquer brièvement les principales circonstances et personnes liées à ce grand outrage, qu'il incarne, contre la sensibilité et la morale du public : rejetant clairement lui-même toute approbation des vues de l'écrivain égaré, et regrettant profondément le scandale qui s'est attaché, à la suite de ses actes, à l'influente Société des Amis et aux nombreuses hautes familles avec lesquelles elle est alliée, tant dans L'Angleterre et l'Amérique.

La famille Gurney est connue partout sur le continent oriental ou occidental, la philanthropie, la charité, la libéralité dans son sens le plus large, l'érudition et la capacité littéraire du plus haut niveau, ou la richesse dans l'exubérance la plus abondante, deviennent le thème du cercle social ou du texte de la plume de l'auteur. C'est, en outre, l'une des plus remarquables et des plus anciennes de l'aristocratie anglaise, datant de l'époque du Conquérant, depuis qu'elle détenait richesse et position dans le comté de Norfolk, où presque tous les divers membres du nom sont encore présents. résider. Dans les premiers temps orageux de l'Angleterre, ils rendirent des services essentiels à l'État dans de nombreuses batailles célèbres, tant au pays qu'à l'étranger, car ce n'est qu'à une date relativement récente que cette race jusqu'alors redoutable s'identifia, à travers certaines de ses branches, avec la race pacifique. et les humbles doctrines des Quakers.

Ils sont étroitement liés à des familles ici de la plus haute respectabilité de caractère : le célèbre John Joseph Gurney ayant épousé une femme de cette ville ; et aucun homme dans la Société des Amis n'était égal à lui à son époque, ni en influence religieuse, ni en capacité mentale, ni en excellence de cœur. Il a en effet donné le nom aux Amis Orthodoxes Gurneyites, dont il était le chef reconnu. Il est décédé il y a environ douze ans.

Son fils unique, John Henry Gurney, qui était l'héritier non seulement de la richesse et du nom de son père, mais aussi de sa bonne moralité, est le mari trahi de cette histoire. Il est l'actuel représentant au Parlement de King's Lynn, dans le Norfolkshire, et est connu pour ses sentiments politiques libéraux. Il a aujourd'hui quarante ans.

Son épouse, Mary Gurney, l'auteur de cette lettre, était la fille et l'enfant unique de Richard Hanbury Gurney, cousin germain de John Joseph, et appartenant à la branche la plus âgée, la plus riche et la plus représentative de la race - lui, Richard, décédé. seulement quelques années plus tard, étant devenu le demi-frère cadet et le seul du chef actuel de la famille, le vénérable Hudson Gurney, de Keswick, FRS, FAS, ancien haut shérif de Norfolk, etc., etc. .

Tandis qu'Hudson Gurney héritait il est vrai principalement des domaines patrimoniaux, Richard, son demi-frère, devint l'héritier de sa propre mère, qui avait été une Miss Hanbury de la riche famille des brasseurs londoniens de ce nom. Cette fortune, supérieure à un million sterling, devint à la mort de Richard l'héritage de sa fille Mary, l'auteur de cette lettre, âgée aujourd'hui d'environ vingt-huit ans et mère de deux ou trois enfants.

Samuel Gurney, l'éminent banquier et philanthrope, était un frère de John Joseph, et Mme Elizabeth Fry, dont les travaux et les sacrifices pour améliorer la discipline des grandes prisons des deux continents lui ont valu un nom enviable, était sa sœur. Une autre sœur était l'épouse et l'assistante zélée de Sir Thomas Fowell Buxton, célèbre dans les annales de l'émancipation britannique.

Mme Gurney est ainsi alliée par descendance et par mariage à des familles de premier ordre en Europe et en Amérique, et détient de son propre chef un domaine presque princier. Elle fut constamment, jusqu'à son départ, anticipée dans ses moindres désirs par un mari qui ne connaissait que la sienne. Dans un tel environnement, l'élevant à la sphère la plus élevée de la vie sociale anglaise, avec toutes ses splendeurs et ses attraits, et lui assurant la jouissance de tous les plaisirs rationnels, après treize ans de vie conjugale, elle renonça volontairement à son mari, à ses enfants et famille, non dans un moment de passion, mais par une calme conviction de la raison, comme elle le déclare elle-même, et quitta l'Angleterre, maîtresse d'un palefrenier commun de ses écuries.

Il ne peut y avoir ni pardon ni atténuation pour ce grand crime social.

Mais les motifs qui y ont conduit méritent bien la patience du lecteur. Ils sont exposés dans sa lettre avec une précision logique, et en même temps avec l'enthousiasme et la tendresse apparents d'un cœur qui a souffert et aimé intensément ; et quelle que soit l'explication, qu'elle soit déductible d'une exagération des faits ou d'un usage astucieux du langage, ses propos semblent réellement marqués du sceau du martyre social.

Bien que la teneur générale des doctrines qu'elle énonce ne puisse manquer de choquer tout esprit sain, il n'est pas nécessaire pour la cause de la moralité, et il serait en effet injuste, de dénoncer sa lettre *dans son intégralité* .

Chaque histoire authentique d'expérience personnelle constitue un complément utile pour l'orientation et le comportement de l'humanité.

Les conséquences déplorables d'un mariage précoce et précipité, telles que décrites dans sa propre histoire, peuvent servir de phare utile aux jeunes téméraires de tous les âges à venir.

Son plaidoyer sincère en faveur du mérite personnel ne peut manquer de gagner de nombreux cœurs, du moins dans ce pays, foyer nourricier de la plébéiance et de la démocratie.

Mais c'est surtout à son argument final qu'il convient d'accorder attention et respect.

Les recherches faites jusqu'ici dans ce pays et en Europe ont dressé un catalogue effrayant de maladies et de décès résultant de mariages mixtes ; et des examens plus récents dans les salles des hôpitaux, dans les asiles pour enfants débiles, dans les institutions pour sourds-muets et aveugles, font directement remonter ces monstruosités et ces défauts d'organisation, dans un nombre prépondérant de cas, à des mariages de cette nature. personnage. Que son exemple immédiat ait fourni quelque confirmation à ce sujet, les maigres détails de toute l'affaire, qu'il a été permis de divulguer, ne fournissent aucune information certaine ; que cela a été le cas dans d'autres branches de sa famille, et que la crainte de cela était dans son propre esprit, c'est ce qui ressort le plus clairement de sa lettre.

Ses invectives autoritaires et véhémentes contre ces mariages intestines, il ne fait aucun doute, attireront une attention particulière sur le sujet ; et pour cette raison, et bien d'autres, dont certaines ont été indiquées, la lettre de Mme Gurney n'exige au moins aucune « excuse » pour être rendue publique.

MME. LES EXCUSES DE GURNEY .

PARIS , *janvier* — 1860.

CHER E* * * :

Votre nom a toujours été sur mes lèvres et dans mon cœur, et vous seul au monde ne m'avez jamais interrogé. Je reviens vers toi, E * * *, comme je l'ai fait si souvent, comme lorsque nous étions enfants, lorsque tu me serrais avec confiance dans tes bras, et je te dis : je suis comme j'étais alors ; et je t'entends dire : Ne me dis rien, car je te crois toujours, et il ne doit y avoir aucune question entre nous.

Ce que je vous écrirai ne sera pas pour mettre en doute notre parfaite et entière sympathie par aucune explication, mais pour remplir ce que je sens être un devoir envers vous, c'est-à-dire vous mettre en possession de tout ce qui peut peser au moindre degré. avec ceux qui comprennent un peu ma nature, devant lesquels vous voulez justifier votre attachement inébranlable à mon égard, bien que l'accomplissement de ce devoir, cher E * * *, puisse m'imposer la révélation de ma vie la plus intime. Si, à votre avis, une telle justification est présentée ici, montrez-la-leur, en totalité ou en partie, comme vous le pensez bien, en vous rappelant que c'est pour vous et non pour moi. Il serait nécessaire de présenter ma justification devant un tribunal beaucoup plus large, car j'ai perpétré un acte que tout le monde conventionnel s'est uni, dans l'ignorance, les préjugés et l'hypocrisie, pour qualifier de crime, et je ne pouvais espérer que peu ou pas de sympathie de la part de celui-ci. cette large barre de jugement public qui ne sait rien de moi ni de mon environnement, et qui n'a jamais pu être amenée à comprendre ma nature ; ou, le comprenant, je ne serais même alors, à ce jour, prêt à accepter aucun argument ou explication pour atténuer mon cours.

E * * *, tu te souviens de moi à quatorze ans ; vous vous souvenez du moment où nous sommes revenus de la visite à Wymondham ; vous vous souvenez comment, repoussant les influences froides qui m'envahissaient malgré moi, je descendis dans la voiture le bonnet simple qu'on m'avait demandé de porter ce jour-là, je le piétinai et laissai tous mes cheveux tomber sur mes épaules, et a dit : je suis libre. Vous vous en souvenez bien. Et puis, enfin, quand la voiture arriva devant la maison, comment nous nous jetâmes dans les bras l'un de l'autre, et je n'eus plus de courage, et je craignis de l'avouer, en leur disant que vous vous êtes assis dessus, et que vous étiez immobile ; et puis comme j'ai pleuré toute la nuit, que je niais la vérité sur ma nature, que je n'étais pas libre.

E * * *, ce jour s'est répété tout au long de ma vie – dans chaque acte, dans le culte de Dieu, dans mon mariage, dans la conception même de mes enfants ; et je n'attendais sa dernière répétition que dans ma mort.

C'est révolu maintenant – ma mort vivante est terminée. J'ai choisi entre la condamnation universelle du monde et mon propre sens du droit ; pas d'une manière sublime, mais de la manière simple et véridique dont ma nature avait besoin. Je me couche le soir et me lève le matin, pour la première fois depuis mon enfance, bénissant Dieu pour mon existence. Rien ne peut m'en priver maintenant, sauf la mort seule. J'ai ce trésor dans le cœur d'une femme qu'une femme seule peut comprendre : l'aveu ouvert de l'amour qui contrôle son être. Avec elle, une partie, la totalité, c'est l'homme libre de préjugés, rempli de toute noble aspiration, qui en est l'objet. Aurais-je, je vous le demande, préféré la réputation que le monde accorde à celle qui, cédant à ses formes, devient chaque jour le mensonge vivant qu'il approuve ?

Ceux qui continuent de disposer des instincts humains, des affections humaines et du cerveau humain à leur manière, selon leur propre sens du bien et du mal, devraient aller plus loin ; ils devraient transformer leurs lieux de réunion et leurs églises en monastères et couvents, et surveiller les aspirations religieuses qu'ils contrôleraient par une surveillance quotidienne et nocturne. Dans leurs maisons, ils devraient introduire l'espionnage dans les harems, afin que leurs instincts corporels, qu'ils maintiennent en conformité forcée, n'aient jamais l'occasion d'affirmer la vérité sur eux-mêmes.

Hérésie et adultère, les deux mots excommunicatifs que la vie sociale suspend au-dessus de la tête condamnée d'une femme qui pense et agit contrairement à ses règles d'action, n'ont pas toute la puissance et l'effet qu'ils sont censés avoir. Rien d'autre qu'un véritable emprisonnement physique du corps et, si cela était possible, de l'esprit, peut empêcher une femme de devenir l'avoueuse secrète de sa croyance et de ses instincts. Les paroles excommunicatives n'empêchent aucune des deux offenses ; ils ne font que développer ce vice incontestable de la faiblesse de la femme, l'hypocrisie.

Le cerveau, lorsqu'il est infidèle, est infidèle par sa propre organisation, et ceux qui attaquent son infidélité frappent en vain le Dieu qui l'a créé et qui l'a implanté dans chaque âme nouveau-née ; le corps, lorsqu'il est infidèle au lien dans lequel il est placé, l'est par ses propres instincts, et ceux qui tentent de le contrôler s'attaquent également à une loi de sa création.

Quand les hommes bornés et bigots apprendront-ils que la seule loi absolue et déterminante de la nature d'une femme est l'amour – que c'est la seule chose bonne et désirable chez une femme – la seule chose fiable en elle ? Ils peuvent lui faire confiance, avec son amour, pour vivre dans une maison de prostitution ; sans cela, ils ne peuvent pas la contrôler par l'ostracisme social le plus absolu.

Et cet amour, qu'est-ce que c'est ? C'est une puissance toujours présente dans le monde, qui, reconnue par deux natures semblables, les lie désormais l'une à l'autre, hors de tout contrôle et en violation, s'il le faut, de toute autre loi, comme l'amour de ma mère la liait à ma mère. père, et l'amour de mon père l'a lié à elle et m'a donné mon être, un être bercé dans la passion la plus tendre et la plus vraie qui ait jamais existé entre deux êtres humains.

Combien de temps ai-je mis à vérifier et à m'abandonner à cette loi divine ! Quelles années perdues ! Quelles sujétions désobligeantes à la nature la plus vile ! Quelle hypocrisie, déshonorante pour Dieu ! Quelles souffrances ai-je causées à cet homme, assigné à moi seul, depuis ce jour où je me suis reconnue pour la première fois en lui !

Cela semble si loin ; cela me semble bien plus long que le temps ne le fait ; il semble qu'une éternité soit revenue en arrière jusqu'à ce jour.

Oh, j'ai eu des questions sur le bien et le mal dans cet intervalle insondable de désespoir, bien différentes, bien plus profondes, que tout ce qu'on m'avait appris ou pouvait m'apprendre de leurs lèvres – des questions qui m'ont amené au bord de la mort.

Pourquoi aurais-je dû l'aimer ? Pourquoi est-ce que je l'aime ? Qu'est-ce que j'aime chez lui ? Tout cela, je me l'ai demandé mille fois, et il n'y a jamais eu, il ne pourra jamais y avoir de réponse à toutes ces interrogations.

Pourtant, je vous le dis maintenant : pourquoi ne devrais-je pas l'aimer ? Qu'y a-t-il à ne pas aimer en lui ? Mon cœur répond seulement : Qu'y a-t-il en moi pour que je sois aimé, pour que je connaisse cette joie qui, dans son moindre instant, tourne en dérision toutes les années d'un autre temps ?

Et ces questions, nous nous les posons quotidiennement et tous les soirs pour toujours.

Et pourtant il y a une raison, dit-on, pour laquelle je ne l'aurais pas aimé : il y a un mot que le monde met comme une barrière infranchissable entre nous, un mot qui n'a jamais franchi mes lèvres jusqu'à présent, un mot dénué de sens, et pourtant impliquant à leurs yeux un crime aussi grand que cet adultère que je commets, tout aussi grand, car l'un et l'autre n'ont pas moins de sens que de toucher à notre relation.

Et ce mot exprime la position sociale qu'il me portait. Plutôt que d'avoir été son épouse légitime, j'aurais pu être la maîtresse d'un roi, ou l'amante de n'importe quel noble, avec moins d'offense.

Et moi, qui étais la garce réputée des rites de mariage, étais-je au-dessus de lui ? Moi, une offense quotidienne à la pudeur en obéissance à la même loi sociale qui l'aurait contraint à l'humilité toute sa vie ? Étais-je au-dessus de lui ? Comment? De quelle manière ? Moi, sombré, dans l'abaissement de ma propre faible complaisance contre nature, au-dessous du plus grand paria anonyme ? Pourrais-je être au-dessus de tout ? N'était-il pas au moins mon pair ? Lui qui, si l'on laisse aussi ces vaines questions de distinction, est Hyperion pour un satyre comparé en personne à moi, petit, gros et petit corps que je suis !

Je me suis interrogé silencieusement dans ses bras, alors que je n'osais pas souiller nos lèvres de leurs paroles, sur ces mots : marié et adultère. Pourtant, je savais bien qu'ils n'avaient aucun rapport avec notre amour - qu'ils n'étaient que des mots - qu'une âme véritable, qu'aucune contamination sociale ne souille ni ne dégrade - que la noblesse méconnue et la vertu rejetée, où qu'elle soit, sont éternellement les mêmes.

J'avais appris ces leçons de la bouche d'un parent. L'exemple de ma propre mère au cœur sincère m'avait appris cela. Ma propre vie m'avait été donnée en violation des enseignements de la société.

Femme au cœur noble ! qui pourrait dire (moi leur enfant, et le seul qui ait enfin béni leur union, alors âgé de près d'un an :) Richard Gurney, je ne vous ai rien caché ; J'ai tout sacrifié sur l'autel de l'amour, même ma petite Marian, et pourtant je ne demande aucun lien d'union formel en retour ; Je m'en fiche. Ce que j'avais au début de la vie de notre petit, ce que j'ai maintenant, ce dont je sais que rien ne peut me priver maintenant, ton amour, me contente. Et il répondit tout aussi noblement : Ce n'est pas pour le plaisir, Mary, car cela n'aura que peu de reconnaissance de la part de ma famille ou du monde ; mais pour l'orgueil de l'aveu ouvert et pour le bien de notre petite fille, je t'épouse.

Et cet amour, si vrai, si immolant, ne rencontra, comme il l'avait prévu, aucune approbation de la part de sa famille. Vous vous souvenez comment mon mari, comme faveur particulière, demandait à Mademoiselle... et sollicitait les membres de sa famille, de m'accompagner chez ma mère, une femme aussi au-dessus d'eux tous dans tous les instincts de son âme que l'était mon père. —le véritable représentant des seigneurs de Gournai et du Braii.

Pourtant, telle était l'affectation de supériorité dans laquelle ils ont toujours persévéré !

Je sais que le monde dit que nous, qui sommes de lignée anglaise, ne cherchons jamais à trouver des choses aussi élevées.

Cela n'est pas et n'a jamais été vrai pour moi ni pour mon sang. Je voudrais, s'il le fallait pour trouver mon idéal, comme mon père avant moi, fouiller n'importe quelle situation, tout comme les hommes fouillent pour trouver des bijoux ; et j'aurais fouillé jusqu'au plus profond ce que je possède maintenant. Mais celui que j'aimais n'était pas si loin ; il était près de moi par la permission de cette loi sociale que nous avons transgressée. La maison de sa famille s'est établie à proximité de la mienne. Il était souvent à côté de moi, et séparé de moi seulement par ce mot ; bien plus, il avait le droit de me toucher avec la permission de cette loi sociale – il était même temporairement chargé de la sécurité de ma vie – il pouvait me parler, mais respectueusement – respectueusement ! Lui qui était en réalité de sang-frère et fait pour moi – pour moi – à qui ils faisaient la cour, non à cause de l'instinct de ce sang, mais à cause de l'économie étroite de mes parents.

Mais ça suffit. J'aurais pu m'épargner le mépris qui me picote les veines.

Je l'aimais, E * * * ; c'était tout. Il est devenu tout ce que je faisais, tout ce que je disais, ma vie même. Si j'en dis plus, je peux me tromper, car je n'en sais vraiment pas plus et je n'en saurai jamais plus.

Toute l'étendue et la mesure du cœur et du cerveau d'une femme, et tout le but de son être, est l'amour ; et toute sa connaissance se concentre sur une seule question : suis-je digne de l'amour de celui que j'aime ? Et est-ce qu'il m'aime ? Mais j'ai réfléchi à toute cette question sociale et je me suis demandé si j'aurais pu l'aimer davantage s'il n'avait pas été ce qu'il était, s'il avait été député ? Eh bien, ils étaient nombreux dans notre famille : il y avait, parmi les autres, l'oncle Hudson, le cousin Charles, le cousin Edward Buxton et le mari de la cousine Priscilla ; de même, mon père avait consenti à l'être ; et finalement, Jackey lui-même était là et occupait la chaise de Walpole, ou du moins le bord de celle-ci. Et qu'était-ce sinon une imposture trop palpable ? Nous le savions tous – hommes et femmes – et nous en vivions mesquinement, jouissant de l'honneur vide et des louanges vides de ceux qui sont en vérité au-dessous de nous, parce qu'ils nous louaient si bêtement. Oh, c'était tellement stupide, toute cette fierté de député ! J'aimais William plutôt parce qu'il n'était pas député – du moins parce que ce n'était pas son aspiration. Et puis, s'il avait été un ancien de la réunion ? Lui !… qu'en penses-tu, E * * * ? Ou bien mon Lord Évêque de Norwich – le Seigneur des *pater nosters dilués* – était-il au-dessus de lui ? Est-ce que ce sont les choses avec lesquelles épouser une femme qui respire ? Quelqu'un pense-t-il *qu'une liaison* avec l'évêque m'aurait ennobli ? — ou les embrassements de l'aîné ?

Il n'est guère nécessaire de vous dire, ma chère, que dans ce qui précède, il n'y a pas le moindre manque de respect personnel envers M. Pelham ou tout autre individu.

Les vrais hommes ne le sont pas. Les instincts d'une femme repoussent de telles formes d'hommes. Vous pouvez habiller le vrai aussi mesquinement qu'un esclave américain, ou vous pouvez élaborer le vêtement du contrefait aux antipodes de celui-ci - aux robes pontificales - et l'âme vivante d'une femme ne manquera jamais de distinguer le faux du vrai.

Pourquoi vous-même, E * * *, auriez pleuré à mort, j'en suis sûr, si j'avais pu me lier délibérément au but sans vie dans lequel aboutit la vitalité de tels êtres.

Il n'en fait pas partie. C'est un homme, E****, que j'aime. Vous vous demandez si je l'aime ? C'est parce qu'il est un homme – un homme, et non un faux-semblant.

Il en est ainsi de toute vraie femme. Dans son amour, elle ne reconnaît aucune distinction de position. Les dieux de son idolâtrie, comme les statues des Grecs, qu'elles soient debout dans un entrepôt rudimentaire ou au Louvre, restent inchangés dans le calme de leur beauté et de leur puissance. Nous ne leur demandons rien d'autre qu'eux-mêmes, les contempler, nous enivrer et mourir d'amour pour eux. Tel me semble l'homme à qui, par la loi la plus profonde de ma nature, je livre mon être.

Mais le monde comprendra-t-il cela ? Peut-être est-ce le hasard de ma place et de mon état qui, m'entourant de ce qui passe sous le nom de pouvoir, m'en a fait voir le vide ; qui, m'unissant au plus haut représentant d'une religion dans la personne d'un fils qui l'a mis légèrement éteint, a fait ressortir son caractère dénué de sens - qui, m'apprenant à renforcer une distinction familiale par le sacrifice inconscient de moi-même à celui sous le contrôle duquel j'avais été en quelque sorte laissé, m'a appris à me demander si c'était juste, et enfin à m'élever au-dessus et rejetons les chaînes d'une complaisance contre nature.

Mes relations sexuelles et ma correspondance secrète avec vous depuis ma petite enfance vous ont appris à quel point j'étais capricieuse et passionnée ; et ces lettres font tellement partie de moi que je ne peux plus rien écrire tel qu'elles ont été écrites.

Vous les avez conservés ; relisez-les, même dans les jours qui ont suivi mon union contre nature avec mes parents et ses résultats.

C'était une union de sang. Les mariages mixtes toujours.

Il y a eu le mariage de l'oncle de mon mari, John, avec ma tante Elizabeth, cousines germaines.

Union de sang du père et de la mère de mon mari, cousins au troisième degré.

Mariage mixte de l'oncle de mon mari, Henry Birkbeck, avec Jane Gurney, cousines au troisième degré.

Mariage mixte du père de mon mari avec Mary Fowler, cousine de sa première femme.

Est-il étrange que de telles unions se révèlent malheureuses ? Elizabeth Gurney et Jane Birkbeck n'ont survécu à leur mariage qu'un an. Jane Gurney, la mère de mon mari, n'a vécu que quatre ou cinq ans de vie conjugale.

Là aussi, dans le cas du grand-père et de la tante Agatha, il y avait l'anomalie du père et de la fille épousant une sœur et un frère.

Il y a eu le mariage du cousin de mon mari, Henry, avec Jane Birkbeck, sa cousine germaine.

Vint ensuite le mariage de Catharine Gurney avec son cousin germain, Edward Buxton.

Puis Rachel avec Thomas Buxton, un autre couple de cousins germains.

Environ un an plus tard, après le chagrin intéressant que lui causa la mort de sa tante Fry, de notre oncle Buxton et de son vieux Balls, John Henry provoqua son mariage avec moi, nous étions tous deux arrière-petits-enfants du même couple. , une fille irréfléchie résidant alors à Earlham, et il a presque deux fois mon âge. Mais je ne leur en veux pas. Dieu connaît leur ignorance de ma nature et le manque total d'amitié dans tout ce qui se passe entre lui et moi.

Vous connaissez l'idéal que mon cœur et mes passions aspiraient, et vous savez cette réalité que les circonstances et les considérations familiales m'ont amenées ; et tu sais, depuis le jour de ce mariage, je suis resté silencieux. Car lorsque mon corps et mon âme furent enfin partis, je résolus de tout supporter patiemment et avec soumission, d'agir et de mentir jusqu'au bout. En fait, au fil des années, c'est devenu presque ma nature. J'ai perdu ma lumière intérieure, comme on dit. Je suis devenue une femme qui méprise ma position sociale et demeure pour toujours dans les convenances.

Il n'y avait alors qu'un espoir pour moi, et cet espoir reposait sur le fait que je ne pouvais pas vous écrire. Les instincts purs et simples de mon enfance, les passions non satisfaites, la véritable intelligence persistaient encore en moi. Je n'osais pas t'écrire, à toi qui me connaissais si bien, je n'osais pas avouer ce qu'était devenue ma vie. Plus encore : j'avais toujours confiance en ma nature, parce que je sentais que je dégradais silencieusement l'acte suprême de la vie de ma mère par ma soumission faible et contre nature. J'avais la foi par-dessus tout lorsque j'ai d'abord renoncé à respecter mon vœu, et lorsque j'ai prié, son fruit vivant pourrait être à son image et non à la mienne. Je ressentis alors la force de la nature *

Ainsi, année après année, j'aurais dû vivre et mourir ; mais je l'ai vu, j'ai entendu sa voix, j'ai appris quotidiennement ses pensées, je me suis délecté de sa nature ! Puis je vous ai encore écrit ; ma foi était devenue une puissance vivante ; J'ai commencé une nouvelle vie.

Puis vint la chute, comme toujours. L'influence de la contrainte sociale était trop terrible et je me suis effondré comme ce jour-là, quand nous étions enfants. Cette dernière affirmation et ce déni de ma nature m'ont amené au bord de la mort, mais cela m'a aussi amené à la raison ; et puis, être altéré, faible et brisé, je me suis relevé, et dans un combat effrayant et silencieux, que seule la nature de notre sexe peut connaître, j'étais libre pour toujours ! Oh, la révélation de cette heure-là ! En un instant, la vie ne semblait plus dure ni difficile. Ses relations étaient simples, ses passions légitimes, son amour suprême.

Mais laissez-moi vous raconter comment je me suis éveillé à la réalité de ma position, de mon expérience ultérieure, et comment j'ai enfin eu la force d'accomplir mon émancipation.

Les premiers mois de ma vie conjugale, je n'étais vraiment pas heureux ; mais je ne peux pas parler de cette période comme d'une période de malheur. En effet, pendant tout le printemps, je n'ai pas pleinement compris ce que signifie cette alliance qui dispose définitivement de la vie d'une femme, et cela avant même que le sens de sa nature ne s'affirme consciemment. La nouveauté du changement, les nouveaux intérêts qui naissent, la nécessité d'être épouse, tous ces sentiments et émotions m'excluent de moi-même. Et ainsi de suite, mois après mois, sans que je me souvienne de quoi que ce soit qui m'ait pleinement éveillé à la réalité de ma situation.

Mais, E ** * *, il a été ordonné dans ma vie que cela vienne, et cela est venu. Un simple incident m'a défini le sens de mon vœu.

Parmi nos visites à Earlham, il y en avait une que nous fîmes le premier jour de l'automne suivant. Je me souviens bien de la date et de l'apparence du pays. Je n'oublierai jamais non plus. Les champs ondulaient de leurs grains dorés. Le parc Costessy était dans toute sa verdure. Tout semblait se réjouir de la récolte à venir, de l'heureuse maternité de la terre. Nous arrivâmes ainsi à Earlham.

Le premier objet que j'ai vu était l'enfant d'Anna. Cela m'a profondément impressionné. Je l'ai pris dans mes bras et, à mesure que je le regardais, tout s'assombrissait autour de moi. J'avais été devant le jouet d'une cérémonie ; J'étais maintenant une épouse consciente. De belles pelouses et des bois, des brises d'été, de la gentillesse, des rites de mariage même, que peuvent-ils contre la première prise de conscience d'un crime contre nature ?

J'étais totalement sans sympathie; il n'y avait personne autour de moi pour me comprendre. Si j'avais exprimé ma pensée, l'air même aurait été rempli de condamnation. Moi, épouse, avais-je le droit d'avoir un instant une telle idée ? Pourrais-je oser éprouver un instinct d'aversion ? Avais-je le droit de dire que j'avais été violée, que j'étais ce que toutes les femmes détestent ?

Je ne pouvais pas le comprendre; pourtant, cela restait là, un fait de ma nature, s'affirmant contre la condition dans laquelle j'étais placé et dont apparemment aucune puissance terrestre n'existait pour me libérer.

Je suis revenu à Easton sous la forme d'un être modifié ; mais ce sentiment s'est quelque peu dissipé dans la routine et dans les nécessités de la vie conjugale, car la mort de son père, survenue peu de temps après, vous vous en souvenez, impliquait de nombreux changements et responsabilités qui bouleversèrent, dans une certaine mesure, pour un temps, le courant de la vie conjugale. mes pensées.

Par la suite se succédèrent, à intervalles constants d'un an ou deux, de nombreux autres décès dans nos familles qui tendirent à freiner ma libre indulgence de pensée, jusqu'à ce qu'enfin mes sentiments se transforment simplement en un sentiment de vague mais terrible responsabilité d'une violation du droit. droit social.

Vous devez vous rappeler la détresse et les ennuis constants dans lesquels nous étions tous plongés par la mort successive de sa sœur Anna, de sa tante Catharine, de mon père et des enfants. La famille de I... Hall était aussi un poids qui ne cessa de peser sur mon cœur et même sur toute mon existence.

Ainsi j'ai vécu, mais pas parmi les vivants. J'avais ma vie intérieure et ma vie extérieure – ce que, je n'en doute pas, d'autres femmes ont eu aussi bien que cette pauvre femme de Catton. J'ai tambouriné, à la manière d'une vieille écolière, dans les oreilles de mon mari les airs programmés pour le piano, sans absolument prêter attention à la musique. Je m'habillais de la même manière machinale pour recevoir ses parents, et remerciais Dieu quand ils étaient partis, et subis ainsi, sous le joug conjugal d'une bonté continue, une mort lente. Je suis entrée dans la vie qui m'entourait en tant qu'actrice, ne se réalisant réellement qu'en dehors de la scène de son action. Je suis devenue la même que les autres femmes, qui se détournent des visages humains pour se tourner vers des choses brutes pour se réconforter. Ma passion précoce pour les chevaux et les chiens s'est alors avérée ma consolation. J'avais pleinement cette nervosité mentale qui réclame un apaisement dans l'action. Il serait impossible d'admirer un cheval plus que je ne l'avais toujours fait. C'était un instinct de ma nature, tout comme celui de Landseer ou de la vieille Mary Breeze, de mémoire glorieuse ; mais je les aimais maintenant, car ils étaient tellement pour moi !

Mais seule, emmurée, loin de tout le monde, je vivais pleinement ma vie. Mon imagination s'en allait avec audace, admiration, amour vers d'autres hommes. Ils n'étaient pas des objets de jalousie, cher E* * *, car ils étaient morts.

J'ai vécu avec les souvenirs des fondateurs de notre famille - des hommes qui ne se sont jamais assis sur le tabouret du clerc et n'auraient jamais pu prétendre au bénéfice du clergé - des hommes aux bras forts et à la charpente solide, faisant connaître leurs prouesses chevaleresques dans une centaine de batailles. - avec les souvenirs de Hugh, Walter, Anselm, Girard, Reginald, Matthew et John, qui en Terre Sainte combattirent aux côtés du prince Édouard et firent de leur croix rouge une terreur pour les Paynim. Et ma mémoire, trop tenace, comme vous le savez, gardait devant moi chaque forme noble, avec toute la vivacité d'une réalité présente.

Je vivais aussi avec eux dans leurs passe-temps, dans lesquels, aux côtés du Prince Noir, aux yeux de leur souverain, et de leur gracieuse maîtresse, sa reine Phillippa, dans les tournois organisés aux endroits mêmes où je me trouvais quotidiennement. chevauchaient - ils imitaient leurs glorieux exploits sur les véritables champs de sang qu'ils avaient conquis.

J'admirais leur splendide force, leurs cerveaux non émasculés par l'éducation que je voyais autour de moi, ni gênés par des ficelles commerciales étroites. Je me demandais quel travail ils feraient s'ils vivaient aujourd'hui. J'ai essayé d'imaginer comment n'importe quel membre de la famille aurait pu se mettre, étape par étape, génération après génération, à l'étude des verbes grecs ou au calcul des pourcentages.

Hugo vivant, je le savais bien, ne serait pas un banquier en prière, mais à l'extérieur, en plein air, aventurant des croisades, simplement et naturellement, comme le temps l'exigeait, tout comme l'homme que j'aime, simplement et naturellement, et pourtant si irrésistiblement. , a sauvé le sépulcre de mes espoirs et désirs enfouis, contre la loi et le pouvoir, l'ignorance et l'infidélité à la nature humaine, de tout ce qui m'entoure. Tout ce qui est grand est simple. Au cours des croisades auxquelles mes ancêtres ont participé, ils ont parcouru un long chemin à travers le monde. C'était aussi loin que la distance entre le marié et la dame, mais pas plus. Ils ont conquis ce qui leur appartenait en vertu de leur nature et de leur croyance, et au prix d'une lutte telle que doit la mener quiconque entreprend d'affirmer son droit contre la loi sociale.

Ils ont conquis le leur comme il a conquis le sien ; et son acte ne semble-t-il pas semblable ou plus noble que le leur ? Le sauvetage d'un cadavre est-il un acte plus digne que le sauvetage d'une âme vivante ?

Ce n'était pas une conquête si difficile. Mes exigences étaient simples et naturelles. J'étais entouré de tout ce qui était irréel et artificiel. J'ai exigé la société d'un homme vivant, libre de l'éducation et des influences d'une famille qui soutient toutes ces théories stupides qui nous privent des véritables jouissances de la vie, un homme qui pourrait considérer l'eau comme de l'eau et la boire sans homélie. sur la nourriture, non pas comme sujet de prière, mais de mastication - jouir du soleil et de l'air comme du soleil et de l'air, et parler avec les hommes et les femmes en tant que tels sans reculer devant eux comme hétérodoxes, ni les aimer comme orthodoxes - quelqu'un qui pourrait écouter de la musique et la trouver agréable à l'oreille, et ne pas se demander si Dieu a voulu qu'elle soit agréable - qui pourrait contempler une image non pas comme une machine du diable, mais comme une œuvre d'art - quelqu'un qui pourrait jouir de tous les délices comme d'exigences de la nature, et non comme des sujets de profonde préoccupation. En M. Taylor, j'ai trouvé un tel homme. Il regardait toutes ces choses comme je les voyais aussi ; mais chez lui, ce n'était pas une affaire qui lui valait des interrogations. Il savait tout cela sans réflexion et sans éducation, comme on dit. Il en vivait dans la connaissance intuitive.

Dans l'échange de pensées similaires sur ces choses, nous avons vécu jour après jour, jusqu'à ce que, inconsciemment, je me retrouve à avoir envie de chaque mot qu'il prononçait. Je trouvai sa présence, qui me ramenait aux hommes de mon orgueil ancestral, une nécessité de ma vie, et, enfin, je me sentis pour la première fois sous l'emprise de l'amour.

La nuit qui suivit cette découverte, alors que je m'agenouillais à mon chevet, son image se dressait entre moi et la hauteur lointaine sur laquelle mon cerveau soumis avait placé Dieu.

Et quand je l'ai vu là-bas, j'ai lutté, comme on m'avait amené à croire que c'était un devoir, pour détruire l'image qui se dressait à la fois sur le chemin de mes vœux humains et en présence même du Dieu sévère et méthodique de leur éducation.

Pourtant, il était là, et il devait rester là pour toujours. Oui, cher E* * *, je l'ai aimé presque avant de m'en rendre compte ; et je sentais d'ailleurs qu'il m'aimait, bien que pas un mot ne fût dit entre nous. Ce n'était pas à lui de parler, et j'aurais caché au plus profond de moi-même le fait de cet amour.

Mais il ne pourrait pas en être ainsi pour toujours. Maintenir la forme d'une supériorité là où il n'en existait pas devint finalement une impossibilité. Nous aimions, et l'expression que je prévoyais ne pouvait plus être contrôlée par aucun des deux, et elle sortit donc d'abord de mes lèvres. Il chevauchait à côté de moi et ne me répondait pas. Il dit dans les airs, dans les cieux : Dieu m'a donné une trop grande joie. Puis il s'est tourné vers moi et m'a dit : Je t'aime depuis le premier jour où je t'ai vu. Je t'aimais parce que je sentais que c'était mon destin ; à part cela, je ne sais pas pourquoi ; Je sais seulement que je t'aimais.

Cher E* * *, il était si beau, si noble alors, dans l'expression de cet amour si longtemps caché. La terre tournoyait autour de moi et son bras me surprit à tomber inconsciemment. Quand je revins à moi, j'étais appuyé sur son sein, sûr de sa force comme d'une cuirasse de fer, même si je voyais ses yeux embués de larmes.

Nous sommes rentrés chez nous en silence. Il y avait une beauté dans les pierres mêmes sous nos pieds. Les fleurs du bord de la route avaient une odeur trop exquise au toucher. L'air et le ciel étaient remplis d'une influence trop belle pour la terre. J'étais très, très heureux. Si ce sentiment avait pu demeurer en moi, j'aurais été content – fidèle à mon devoir, comme on me l'avait appris – d'avoir toujours vécu ainsi. Mais mon cœur avait maintenant constamment envie de répéter ce moment. Il ne pouvait être satisfait qu'en sa présence. Jusqu'alors patient uniquement sous le sentiment du mal, je commençais maintenant à être agité par une passion dans laquelle tous les sentiments de ma vie étaient centrés.

Il n'est pas nécessaire de raconter tous les conflits que cela m'a amenés, ni de retracer la manière dont ma nature la plus noble s'est graduellement effondrée devant la menace de la destruction sociale ; il suffit de dire que j'en ai été porté jusqu'à la décision qui engageait mon destin, et j'ai cédé une dernière fois à la loi sociale, parce que je n'étais pas encore arrivé à ce point où une femme, poussée à la présence même, de la mort sous la pression d'une fausse relation, réfléchit enfin par elle-même et n'hésite plus sur la manière de diriger son parcours, au cas où même les restes de sa vie seraient précipités vers la destruction.

L'automne dernier, j'ai commencé à me sentir déprimé. Je ne pouvais plus vivre ainsi. Le moment venu, nous allions habituellement à Londres, quelque temps avant l'ouverture du Parlement, j'avais le sentiment que la crise était arrivée. Si je descendais avec mon mari dans l'espoir d'échapper aux sentiments qui m'envahissaient, je savais bien qu'à mon retour cette vie de passion ne recommencerait qu'à la vue de son objet. Si je restais seul, je croyais avoir la force de m'en débarrasser - je croyais pouvoir me séparer de lui, si pendant les jours ou les semaines qui suivraient , après l'avoir quitté, je ne rencontrais d'autre regard que celui de Dieu - si Je pourrais épuiser le désespoir dont je savais bien qu'il suivrait en silence.

Je restai donc chez moi.

Je ne me suis pas trompé en moi-même. L'être artificiel qu'ils avaient créé de moi était assez fort pour s'affirmer et sacrifier l'amour qui se trouvait au plus profond de mon cœur, mais pas jusqu'au dernier moment. Ce n'est qu'à l'approche du retour de mon mari que, me sortant du bref rêve de bonheur dans lequel, sûre de son absence, j'étais faiblement tombée, je pus rassembler l'énergie nécessaire pour prendre la boisson d'agonie que je croyais être. , la main du devoir m'avait préparé.

Mais un nouveau retard était désormais impossible.

Je l'ai fait venir vers moi. Mon cœur était comme une coupe débordante ; ma douleur ne connaissait aucune expression. Il était devant moi, à mes pieds. Je ne puis décrire : personne n'ose reconnaître ce qui se passe entre amants séparés par une loi sociale ; il n'est pas possible d'exprimer cette vie dans la vie, la plus intime, la dernière.

Je t'ai amené à moi, dis-je, parce que je ne te vois plus : je meurs.

Mon Dieu, il me sembla alors que mon cœur allait se briser, comme si je devenais fou !

Un gémissement d'agonie lui vint aux lèvres.

Il m'a regardé; l'intelligence de son visage avait disparu ; ses yeux étaient sombres ; le désespoir qui était en moi a changé son visage en pierre.

Je le regardais fixement ; Je pourrais lui dire : nous devons nous séparer pour toujours. Je pourrais répéter les phrases de la vie sociale : Il ne peut y avoir de reconnaissance honorable de notre amour ; son aveu ouvert apportera la honte à mon mari et l'odieux à mes enfants.

Et comment m'a-t-il répondu ? Dois-je avouer, même là, à cette heure de ma force, ma plus grande faiblesse ! J'avais envie d'un mot suppliant. Un regard de tendresse, et je serais tombée à ses pieds, un être ruiné, mais ruiné dans la reconnaissance et l'abandon total de mon amour.

Eh bien, il savait tout cela ; mais dans cette crise, il était fidèle à lui-même et à moi ; et quand il cessa de parler, j'étais de nouveau fort. Ma tête, mon cœur, tous les instincts de mon être approuvaient ses paroles, ses regards, ses actes.

Il m'avait sauvé. Lui, tel que je l'ai connu à cette heure-là, était ma force ; grâce à lui, je me suis vaincu. J'ai été forte dans cette épreuve finale, comme seule une femme peut être forte – grâce à l'âme et au cœur de l'homme qui reste fidèle à lui-même et à elle jusqu'au bout.

Il a dit : Même en cette heure, où tout espoir et toute joie de vivre ont sombré dans un désespoir éternel sous vos paroles, je peux être fidèle à mon sens du bien ; Je crois que la vie ne nécessite aucun sacrifice ; Je crois que le sacrifice de soi fait du tort non seulement à celle qui, aveuglément, croyant qu'il est juste, l'accepte, mais encore plus à ceux pour qui il est accepté. Si, avec votre sens du devoir, vous rompiez la relation qui vous lie à eux, cela ne pourrait vous apporter aucun bonheur ; Sa rupture, comme vous le sentez, apporterait enfin du malheur à tous deux, car votre bonheur est le mien. Il n'y a pas de règle, pas de devoir dans la vie, si ce n'est la recherche du bonheur. Le mien seul peut désormais être acheté aux dépens du vôtre, et c'est le mien. Nous devons donc nous séparer pour toujours !

Le désespoir total suscité par ces paroles ne pourra jamais quitter mon cœur.

Il a dit beaucoup de choses dans cette dernière interview dont je me souviens, mais ce n'est pas important maintenant qu'il faille les répéter. Nos vies les expriment plus clairement que les mots. Il parlait de la fausse relation qu'il avait été peu à peu amené à adopter et dans laquelle notre passion l'avait retenu jour après jour.

Je savais bien, dit-il, qu'il aurait dû y mettre fin depuis longtemps ; mais je ne connaissais pas alors, comme aujourd'hui, le pouvoir contrôlant qui m'a retenu auprès de vous jusqu'à cette heure. J'ai d'abord cru que je pourrais t'aimer et que tu pourrais rester à jamais inconscient de mon amour. Et ainsi j'ai vécu jusqu'à ce que cela soit impossible. Et puis ma vie est devenue un éternel retard d'espoir, endurant tout jusqu'à cette dernière mesure de désespoir. Il ne pouvait en être autrement. Je croyais que de jour en jour vous verriez clairement, comme moi, le droit, et que cela pourrait enfin se terminer. C'est fini maintenant! Ma vie est finie. Mon sort est une misère sans espoir et sans fin. Je l'accepte pour vous, pour le souvenir de notre amour.

Puis ma vie, mon âme elle-même, rencontra la sienne dans un long baiser d'agonie, et nous nous séparâmes, comme je le croyais, pour toujours.

J'avais conquis ma vie; cette loi sociale avait triomphé.

Lorsque mon mari arriva à la maison, j'étais forte pour accomplir le dernier devoir que ma position m'imposait. Je savais bien que, coûte que coûte, il fallait le faire aussi. Je dois vivre ouvertement la vie à laquelle j'étais lié. Je suis allé vers lui et lui ai parlé de mon amour, de ma résolution et de notre séparation. Beaucoup de choses se sont passées entre nous en cette horrible période ; mais tout ce que j'avais à dire, c'était ces mots : J'aime William. Du reste et de ce qui suivit, je n'ai aucun souvenir précis.

Je savais seulement maintenant qu'il devait être parti – que la vie, l'espoir, tout avait disparu, même si je restais là cette chose honorable, une épouse ! Pour moi, il était décidé que je quitterais l'Angleterre pour un temps. Je devais voyager. Un dépaysement qu'ils prescrivaient aux malades du cœur. C'était toujours la même chose, la même ignorance de la nature d'une femme et de ses nécessités. Ils voulaient que je profite de Paris, de Rome. Ils substitueraient la splendeur du Vatican à quelque petite fleur qui pourrait peut-être sortir de sa main si je restais chez moi. Cela leur semblait bien plus.

Absorbé dans la contemplation des ruines de ma vie, je ne fis aucun cas de ces arrangements pour mon départ, et m'abandonnai volontairement au désespoir.

Lorsque la pleine mesure de mon chagrin fut épuisée, je suis apparu comme un nouvel être.

A partir de ce moment, j'étais moi-même. J'avais chassé chaque espoir, chaque sentiment de mon cœur. J'avais reçu de ses lèvres le dernier sacrifice qu'un homme puisse offrir à la femme qu'il aime : l'abnégation de lui-même pour son bonheur ; et je déclare devant le Ciel que j'étais résolu à faire ce que je pensais juste, même si cela m'a coûté la vie ; car je n'avais plus aucune raison de vivre.

J'avais longtemps suivi aveuglément une passion qui m'avait amené au bord de la destruction sociale. J'y avais renoncé.

J'avais suivi aveuglément pendant des années une voie de devoir qui avait dégradé tous mes instincts jusqu'à leur dernière mesure de dégradation.

Je ne sentais plus rien, raisonnais-je.

Le sens de la vie dans laquelle j'allais commencer était désormais clairement devant moi. Ce qu'il m'apparut, je le savais bien, en réalité, car j'étais désormais libéré de mon amour. J'avais tout sacrifié pour le devoir. Je voyais maintenant à quoi m'avait conduit l'obéissance aveugle à ce devoir. Ce que j'étais, je le savais maintenant.

Mon âme était débarrassée de toute hypocrisie – il n'y avait plus aucun mensonge dessus maintenant. J'avais tout avoué. Ma vie même était ouverte jusqu'au plus profond de mon cœur. Mon amour avait disparu, aussi bien par sa volonté que par la mienne, pour toujours.

Qu'avais-je accompli ? J'avais conservé le nom chaste d'épouse. J'avais préservé l'honneur de mon mari et la réputation de ses enfants. Et pour ce faire, j'étais sous son toit, et j'allais me soumettre à ses embrassements sans amour.

Pour ces considérations d'honneur et de réputation, j'allais mener volontairement une vie de prostitution, dont je ne m'en distinguais que par la fiction sociale d'un nom, et je me sentais plus dégradée pour tout ce salaire honorable que celle qui accepte sa misérable allocation en les rues.

J'étais d'ailleurs sur le point de remplir des fonctions dont toutes les fibres de mon corps se rétrécissaient avec horreur. J'étais là pour donner vie à une progéniture créée dans ma propre dégradation, en violation de ma volonté et de ma nature, la progéniture débile de parents de sang, des enfants qui mourraient faiblement avant l'heure, ou peut-être viendraient au monde, eux ou leurs enfants. , déformé, ou muet, ou aveugle, ou imbécile. Moi qui étais parfait moi-même et formé pour recevoir et transmettre le trésor sacré d'une vie nouvelle, je devais devenir volontairement le matricide des conceptions plus parfaites qui devaient être les miennes.

Mieux vaut, dans l'agonie de cette pensée, dis-je, meilleure mort que celle-ci – meilleure auto-immolation du corps et de l'âme ; c'était bien moins un crime.

Et puis, frémissant d'horreur au bord où le devoir m'avait conduit, j'implorais mon âme en implorant la lumière, tandis que je me posais la grande question : est-ce qu'une loi de Dieu sanctionne, une loi de l'homme aura-t-elle le pouvoir de continuer ? le lien du mariage là où l'amour n'existe pas ?

Et j'y ai répondu, comme mes enfants, s'ils héritent de quelque chose de ma nature, l'approuveront enfin, comme le monde finira par le comprendre.

Ainsi fus-je immédiatement et pour toujours séparé de toutes mes anciennes relations et laissé seul au monde.

J'écris ces derniers mots tranquillement, ici à mon bureau ; mais cette inquisition de mon cerveau, c'était terrible, plus terrible encore que la mort que j'avais acceptée en me séparant de lui.

Mais ma décision était prise et j'étais alors calme.

Je connaissais à ce moment-là la suite d'une lutte effrayante du cerveau – le pauvre cerveau faible d'une femme – qui balayait pourtant le monde sous ses pieds.

Il y avait du chagrin dans cette famille, lorsque j'ai pris moi-même cette décision et que je me suis trouvé un étranger parmi eux ; lorsque le tissu social, ses enfants, leur père, la fausse fierté, la position conventionnelle, tout fut renversé ; quand les torts de ma mère étaient vengés et que l'amour de mon père avait sa justification dans l'enfant de sa femme qui avait perdu la vie !

Mais leur chagrin était une joie comparée à l'agonie du calme dans lequel j'ai pris cette décision.

Pas une larme ne m'est venue aux yeux quand je leur ai raconté ; pas un pouls ne bougeait dans ma poitrine. Comme c'est inconcevable pour eux toute cette agonie.

Mon mari était même encore soucieux de conserver la forme d'une union, désormais impossible dans la réalité. On fit venir un de ces médecins formels de l'âme : son oncle François. Ô ! après toutes les souffrances que j'avais traversées, j'aurais pu échapper à la vue d'un de ceux dont les paroles m'avaient sanctionné et marqué, comme par l'autorité de Dieu, toute cette misère.

Mais combien ses paroles sur le péché théologique et l'infamie sociale m'ont paru faibles et vaines. Ils tombaient sur mon oreille, en répétition constante, aussi insignifiants que les grains d'un chapelet.

Il m'a dit que je mettais mon âme en péril, et il m'a laissé avec une expression formelle de pieuse horreur, quand je lui ai dit que je courrais volontiers ce risque.

Et maintenant j'étais seul au monde – ma vie encore devant moi – séparée de toute relation vivante – à vivre ou à terminer. Quelles nouvelles connexions dois-je assumer ? Sans soutien, impuissant, seul, où dois-je aller ? Que dois-je faire?

Autrefois, les portes du couvent m'auraient été ouvertes ; mais mon intelligence, l'intelligence de l'époque même où je vivais, m'interdisait l'immolation de mon corps vivant et de mon âme libre.

Et puis m'est revenue l'idée du suicide.

Je n'ai pas reculé devant cette pensée par superstitiosité, par crainte de me précipiter inopinément en présence des divinités offensées. Je n'avais pas une telle pensée. Cela signifiait pour moi seulement me reposer de ce grand fardeau et de cette lassitude de la vie – m'allonger et dormir alors qu'il faisait encore jour – dormir pour toujours.

Mais j'étais trop calme pour l'imprudence de cet acte, trop fort. Si eux, qui se sont retirés dans le cloître par sentiment d'un devoir superstitieux, en supportaient volontairement le fardeau, moi, avec une plus grande intelligence, je ne pourrais pas sombrer sous leur pensée inférieure et mourir faiblement. Non, je n'avais commis aucun crime qui me ferait mourir ; mes malheurs passés n'étaient pas non plus une raison pour laquelle je devrais volontairement en imposer de nouveaux à ma vie à venir. Je savais que j'étais dans le monde pour vivre. La vigueur du corps, de l'esprit, les passions, les désirs, la raison, tout ce qui constitue une âme humaine, étaient en pleine existence ; et j'étais ici sûrement non pas pour contempler la mort, mais pour remplir les fonctions de la vie – d'une vie nouvelle.

Car j'étais absolument mort dans cette décision de vivre libre de mon lien. J'étais mort à toutes les relations et connexions passées. J'étais mort au monde social qui m'entourait, comme si je n'avais jamais vécu auparavant. La conscience de mon identité avait disparu. Tous les regards se posaient étrangement sur moi. J'étais comme un enfant nouveau-né. J'aurais tendu les mains simplement quand j'étais enfant, car j'étais à nouveau dans le monde des vivants, un étranger ; nouveau-né, avec une vie en parfaite maturité.

Et c'est ainsi que vint la dernière question : -

Le droit que j'ai revendiqué de vivre séparé de mon mari sera-t-il suivi en retranchant tout désir, en gâtant ou en cachant toute beauté, en voulant le reste d'une vie déjà maudite par une indiscrétion involontaire de jeunesse, à l'ascétisme, et ainsi continuer ? sous une autre forme, lutter jusqu'au bout contre la nature ? — ou accepter le credo de l'homme que j'aime, et chercher aussi mon plus grand bonheur dans la satisfaction de cet amour, que tous les instincts de mon être approuvent ?

Et ma réponse à cette dernière question est devant vous et devant le monde entier.

Comme je l'ai dit au début, ma chère, je n'ai aucun doute sur la sincérité de votre affection pour moi, quel que soit le changement de vie ; et je suis tout aussi sûr que vous ne douterez jamais de l'amitié constante et éternelle de

Ton

PETITE MARIE.

À MME ——,

LONDRES.

- 21 -